4만 년 전 비밀을 품은 아이

※ 현재 흥수아이 화석의 연대에 대해서는 일부 논란이 있으나 이 책은 약 4만 년 전 구석기 시대의 화석이라는 통설에 근거하고 있음을 밝힙니다.

처음부터 제대로 배우는 한국사 그림책 04

4만 년 전 비밀을 품은 아이 _흥수아이 동상이 들려주는 구석기 시대 이야기

초판 1쇄 발행 2015년 9월 1일
초판 4쇄 발행 2022년 7월 8일

글 한영미
그림 최희옥

펴낸곳 도서출판 개암나무(주)
펴낸이 김보경
경영관리 총괄 김수현 **경영관리** 배정은
편집 조원선 **디자인** 김효정 **마케팅** 신종연
출판등록 2006년 6월 16일 제22-2944호

주소 서울특별시 용산구 한남대로40길 19, 4층(한남동, JD빌딩) (우)04417
전화 (02)6254-0601, 6207-0603 **팩스** (02)6254-0602 **E-mail** gaeam@gaeamnamu.co.kr
개암나무 블로그 http://blog.naver.com/gaeamnamu **개암나무 카페** http://cafe.naver.com/gaeam

ⓒ 한영미, 최희옥, 2015
이 책의 저작권은 저자에게 있습니다. 저자와 출판사의 허락 없이 내용의 일부를 인용하거나 발췌하는 것을 금합니다.

ISBN 978-89-6830-187-2
ISBN 978-89-6830-122-3(세트)

이 도서의 국립중앙도서관 출판시도서목록(CIP)은 서지정보유통지원시스템 홈페이지(http://seoji.nl.go.kr)와 국가자료공동목록시스템(http://www.nl.go.kr/kolisnet)에서 이용하실 수 있습니다.
(CIP제어번호: CIP2015021062)

품명 아동 도서 | **제조년월** 2022년 7월 8일 | **사용연령** 10세 이상
제조자명 개암나무(주) | **제조국명** 대한민국 | **전화번호** 02-6254-0601
주소 서울특별시 용산구 한남대로40길 19, 4층(한남동, JD빌딩)

홍수아이 동상이 들려주는
구석기 시대 이야기

4만 년 전 비밀을 품은 아이

한영미 글 최희옥 그림

개암나무

구석기 시대 어린이, 흥수아이

흥수아이는 1982년 12월 충청북도 청원군 가덕면 노현리 시남부락의 두루봉 동굴에서 발견되었습니다. 널찍한 석회암 위에 반듯하게 누워 있는 뼈 화석이었지요. '흥수아이'라는 이름은 화석을 처음 발견한 김흥수 씨의 이름에서 따왔고, 흥수아이가 발견된 굴도 '흥수굴'이라고 부릅니다.

흥수아이의 머리뼈는 몸에 비해 큰 편이고 키는 110~120센티미터 정도 돼요. 약 4만 년 전에 살았던 것으로 보이고, 아직 간니(젖니가 빠진 뒤에 나는 이)가 나지 않은 것으로 보아 다섯 살 정도로 추정하지요.

흥수아이 화석 주변에서 고운 흙과 국화꽃으로 보이는 덩어리가 발견되었는데, 이를 통해 구석기 시대에도 장례 의식이 있었음을 짐작해 볼 수 있습니다. 흥수굴에서는 흥수아이 유골 말고도 돌로 만든 도구인 석기(슴베찌르개, 긁개, 밀개, 새기개 등)가 함께 발굴되어 우리나라 구석기 시대를 연구하는 데 큰 도움을 주었지요.

흥수굴을 포함한 두루봉 동굴에서 발굴된 구석기 유물과 동물, 사람 뼈 화석은 현재 충북대학교 박물관에 보관되어 있습니다. 또한 실물 크기로 복원한 흥수아이 동상을 전시하여 구석기 시대 어린이의 모습을 생생하게 그려 볼 수 있답니다.

또다시 하루가 시작되었어. 오늘도 나를 보러 온 사람들이 많네!
저만치에 있던 아이들이 나에게 다가왔어.

"네가 흥수아이니?"

"몇 살이야?"

아이들이 질문을 쏟아 냈어. 역시 난 인기가 많아.
아직 어리둥절하지만 기분은 좋은걸.

"이 아이는 왜 여기에 있어요?"
한 아이가 선생님에게 물었어. 그러게, 나도 그게 궁금하던 참이야.
쌍코뿔이랑 동굴곰 같은 무서운 짐승과 한곳에 있는 게
아무래도 찜찜했거든.

"박물관을 다 돌아보고 나면 알 수 있을 거예요."
선생님이 말을 마치고 앞장서자, 아이들이 뒤를 따랐어.
난 또다시 심심해졌지.
그런데 문득 무시무시한 쌍코뿔이의 앞모습을 보고 싶더라고.
쌍코뿔이는 나를 등지고 서 있거든.
난 조심스레 발을 내디뎠어. **어라? 몸이 움직이네!**
나는 살금살금 쌍코뿔이에게 다가갔어.
쌍코뿔이 녀석이 마치 나를 기다렸다는 듯 홱 돌아보는 거야.
그러더니 길쭉하게 튀어나온 주둥이로 자기 등을 가리켰어.
"타라고?"
나는 쌍코뿔이의 등에 훌쩍 올라탔어. 곧 쌍코뿔이가 달리기 시작했어.
얼마나 빠른지 바람을 가르는 소리가 대단했지.
나는 두 눈을 꼭 감고 녀석의 등에 납작 엎드렸어.

눈을 떠 보니 쌍코뿔이는 온데간데없이 사라졌어.

주변을 두리번거리는데 어디선가 땅이 울리는 소리가 들려왔어.

숲 속 저 끝에서 뽀얀 먼지가 이네.

세상에, 코끼리 떼야!

앞다퉈 뛰는 것을 보니 무언가에 쫓기고 있나 봐.

이런, 쌍코뿔이 한 마리가 코끼리 떼를 쫓고 있잖아.

"쌍코뿔이야, 이쪽으로 오지 마!"

고래고래 소리를 질렀지만 쌍코뿔이는 내 말이 들리지 않나 봐.

"모두 피하세요. 코끼리 떼가 오고 있어요!"
나는 사람들에게 외쳤어.
"애야, 너부터 이리로 오너라!"
헐레벌떡 뛰어나온 할아버지가
나를 번쩍 안고 동굴 속으로 들어갔어.

여기는 석기 제작소야.

"그나저나 큰일이다. 사냥 나간 사람들이
코끼리 떼를 잘 피해야 할 텐데."

할아버지는 걱정스러운 목소리로 말했어.

"할아버지도 참, 아저씨들이 얼마나 날쌘데. 별 걱정을 다 해."

할아버지는 껄껄껄 웃더니 돌멩이를 집어 들었어.
그러고는 모룻돌˚에 돌멩이를 놓고 돌망치로 두드렸어.
울퉁불퉁했던 돌이 어느새 둥글게 다듬어졌어.
할아버지는 돌을 칡 끈으로 묶었지.

"와, 사냥돌이다!"

나는 사냥돌을 들고 던지는 시늉을 해 보았어. 몸이 휘청했어.

"아서. 사냥돌은 이리 주고 이걸 갖고 놀렴."

할아버지가 주먹 도끼를 하나 주었어.
할아버지는 내게 뭐든 주고 싶은가 봐.
지난번에는 사슴 뼈를 갈아 만든 목걸이를 주셨어.
그 목걸이는 지금 새싹의 목에 걸려 있지.
내가 걸어 주었거든.

모룻돌 석기를 만들 때 쓰던 받침돌.

"할아버지, 쌍코뿔이와 코끼리는 왜 싸우는 거야?"
"자기가 살 곳을 차지하려고 그러지."
"숲이 이렇게 넓은데 왜?"
"먹을거리가 많고 안전한 곳을 찾기가 쉽지 않거든."
동굴 밖은 아직도 흙먼지가 뿌옇게 일고 있었어.
"할아버지, 이제 나가 놀아도 돼?"
할아버지는 대답 대신 바닥에 엎드렸어.
한쪽 귀를 바닥에 대고 한참 동안 있었지.
"소리가 점점 멀어지고 있구나. 나가 보렴."
나는 신나서 동굴 밖으로 뛰어나갔어.
아, 그런데 이게 뭐야? 나무가 쓰러지고 풀이 짓밟혔어.
애써 지은 막집도 완전히 부서졌고.
정말 엉망이었어.

저녁이 되자 사냥 갔던 사람들이 돌아왔어.
부리부리 아저씨가 사슴 한 마리를 어깨에 척 걸치고 오는데
얼마나 멋있어 보였는지 몰라.
밝은 눈 아저씨는 코끼리 상아를 들고 있었어.
다른 아저씨들도 모두 당당해 보였지.
우리는 사냥꾼들을 반겼어.

아주머니들이 사슴을 받아 긁개로 가죽을 벗겼어.

아저씨들은 마른 나뭇가지를 모아서 불을 지폈지.

이윽고 불이 활활 타오르자 드디어 고기를 굽기 시작했어.

구수한 고기 냄새가 동굴 안에 가득 찼어.

우리는 모닥불 주위에 둘러앉아 배불리 먹었어.

그날 밤, 잠이 오지 않았어. 낮에 겪었던 일이 자꾸 떠올랐어.

살짝 눈을 떠 보니 부리부리 아저씨가 동굴 입구에 서 있었어.

불침번인가 봐.

"아저씨, 우리는 늘 짐승들을 피해 다녀야 해?"

"꼭 그렇지는 않아. 온 힘을 다해 싸워야 할 때도 있단다.
가족이 위험에 처했을 때 말이야."

불침번 불씨가 꺼지지 않게 돌보고, 밤에 쳐들어올지 모르는 맹수로부터 마을을 지키는 일.

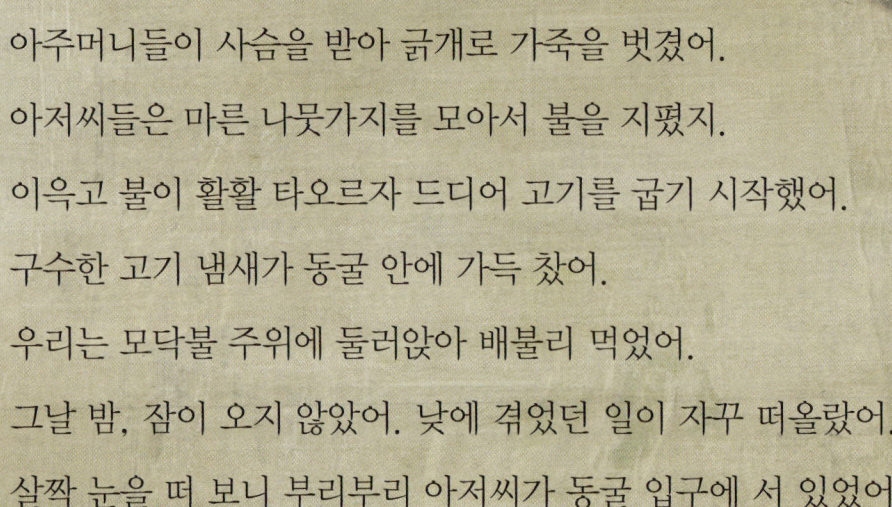

나는 할아버지가 준 주먹 도끼를 만지작거리며 말했어.
"이런 걸로 말이야?"
"그래. 우리는 코끼리나 쌍코뿔이처럼 힘이 세지도 않고
하이에나처럼 날카로운 발톱도 없지만 그 대신 손이 있어.
이 손으로 여러 가지 도구를 만들 수 있단다.
우리가 만든 주먹 도끼, 사냥돌, 슴베찌르개 같은 걸
잘만 사용하면 맹수들을 잡을 수 있지."
부리부리 아저씨의 말을 들으니 힘이 불끈 솟았어.
"우리가 맹수들보다 더 좋은 것을 가지고 있네!"
나는 손이 얼마나 소중한지 새삼 깨달았어.

날이 밝자마자 새싹을 보러 갔어.
새싹은 화덕 옆에 쪼그리고 앉아 있었어.
"새싹, 뭐해?"
새싹이 화들짝 놀라며 재빨리 손을 뒤로 감췄어.
"깜짝이야! 할머니인 줄 알았잖아."
놀라는 걸 보니 사슴 뼈를 가지고 놀고 있었나 봐.
할머니는 사슴 뼈를 매우 소중하게 여기셨거든.
나중에 제사 지낼 때 쓰려고 말이야.
그런데 어제 먹은 사슴의 뼈는 부러진 부분이 많아서
제사에 쓰지 않을 거라고 했어.
난 새싹에게 안심해도 된다고 말해 주었지.

새싹은 휴 하고 한숨을 쉬더니
그림이 새겨진 조그마한 조각을 하나 보여 주었어.
"와, 들소랑 똑같다."
"정말?"
내 말에 새싹이 활짝 웃었어.
"이번엔 무엇을 그릴 거야?"
"글쎄……."
새싹은 생각에 잠긴 듯 눈을 가느스름하게 떴어.

그런 새싹이 몹시 귀여워서 뭐라도 주고 싶었어.
문득 석기 제작소에서 보았던 새기개가 떠올랐어.
새기개가 있으면 그림을 더 잘 그릴 수 있을 거야.
"새싹, 잠깐만 기다려 봐."

나는 석기 제작소로 달려갔어.
어른들이 이야기를 나누고 있었지.
"이곳을 떠나야 해. 먹거리도 떨어진 데다가
코끼리 떼가 자주 지나다녀서 너무 위험해."
할아버지의 말에 다들 고개를 끄덕였어.
"저 위쪽으로 가 보면 어떨까요?
거기에는 큰 강이 있으니까 물고기를 잡을 수 있을 겁니다."
부리부리 아저씨는 사냥을 다니면서 봐 둔 자리가 있다고 했어.
"여기서 겨울을 나고 봄에 떠나는 게 어떨까요?"
"그게 좋겠어요. 지금은 겨울 식량을 모으기도 바쁘니까요."
투덜이 아저씨의 말에 쿵쿵 아저씨도 거들었어.
상의 끝에 일단 겨울은 나고 움직이기로 결정했어.
그리고 겨울 양식을 모으기 위해
대규모 사냥을 나가기로 했지.

"그 전에 사냥 도구들을 고치고 새 도구를 만들어야 합니다."
투덜이 아저씨가 망가진 슴베찌르개를 만지작거리며 말했어.
아저씨들도 두말하면 잔소리라며 앞다투어 도구들을 가지고 왔어.
"세상에서 가장 튼튼한 슴베찌르개를 만들어 주세요."
투덜이 아저씨 말에 할아버지가 칡 끈으로
돌날과 자루를 단단히 묶어 주었어.
"아저씨, 이번 사냥엔 나도 데리고 가."
나는 부리부리 아저씨에게 말했어.
"안 돼. 넌 너무 어려서 위험해."
"나도 멧돼지랑 쌍코뿔이를 잡고 싶어. 응?"
내가 보챘지만 아무도 내 말에 귀 기울이지 않았어.
"얘야, 이거 가지고 가서 그림이나 그리고 놀아라."
할아버지가 새기개를 하나 주었어.
새기개를 보니 새싹 생각이 나지 뭐야.
난 얼른 새기개를 받아서 옆 동굴로 뛰어갔지.

새싹이 나를 보고 빙그레 웃었어.

"벌써 다 그렸어?"

새싹이 손바닥을 펴 보였어.

"네 얼굴을 새겼어. 네게 주려고. 나한테 목걸이도 줬잖아."

부끄러워서 고맙다는 말도 못하고 머뭇거리는데, 아주머니들이 들어왔어.

아주머니들은 저마다 열매와 뿌리 같은 것을 들고 있었지.

작은 손 아주머니는 국화꽃을 한 아름 안고 있었어.

아주머니는 밖에 나갈 때마다 늘 꽃을 따 왔어.

싱그러운 꽃향기가 은은하게 퍼졌어.

날씨가 제법 쌀쌀해졌어. 이제 정말 겨울이 코앞인가 봐.
나는 이제나 저제나 사냥할 날만 기다렸어.
사냥이야 매일 하는 일이지만 겨울맞이 사냥은 좀 다르거든.
겨우내 먹을 양식을 비축*해 둬야 하기 때문에
멧돼지, 사슴, 노루 따위를 되도록 많이 잡아야 해.
그래서 아주머니들도 모두 따라가.

비축 만약의 경우를 대비해 미리 모아 둠.

드디어 기다리던 사냥 날이야.
나는 얼른 석기 제작소로 가서 사냥돌 하나를 챙겼어.
나도 따라갈 거거든.
굴 밖으로 나왔더니 투덜이 아저씨가 참나무에다가
슴베찌르개 던지는 연습을 하고 있었어.
슴베찌르개가 나무에 팍 꽂히자 아저씨는 좋아서 뛰어갔지.
하얀 이빨 형도 보란 듯이 사냥돌을 던졌어.
그러나 사냥돌은 뱅글뱅글 돌더니 나뭇가지에 걸리고 말았어.
투덜이 아저씨가 낄낄낄 웃으며 하얀 이빨 형을 놀렸어.

"자, 해가 떠오른다."
그때 할머니 목소리가 들렸어.
정말로 빨간 해가 차츰차츰 올라오고 있었지.
사람들이 할머니가 서 있는 곳으로 하나둘 모여들었어.
할머니는 사슴 뼈와 동굴곰 뼈를 모아 놓은 뼈 무덤 앞에 서 있었어.
사람들도 할머니 뒤에 섰어. 나도 맨 끝에 가서 섰지.

빨간 해가 둥실 떠오르자 할머니가 두 손을 위로 뻗었어.

할머니는 먼저 사냥꾼들의 안전을 빌었어.

그러자 사람들은 바닥에 엎드려 머리를 조아렸어.

그다음은 사냥이 잘 되기를 빌었어. 사람들이 또 크게 절을 했어.

'이때다!'

할머니가 또 뭔가를 빌 때 나는 슬금슬금 뒷걸음질을 쳤어.

다행히 나를 본 사람은 없었어. 다들 제사에 몰두하고 있었거든.

나는 숲 속으로 줄행랑을 쳐서 풀숲에 숨었어.

가슴이 콩닥콩닥 쉼 없이 방망이질을 해 댔지.

하지만 신이 났어. 벌써 사냥꾼이 된 것 같았거든.

그렇게 얼마쯤 숨어 있었을까.
저만치에서 사냥꾼들이 오는 모습이 보였어.
사냥꾼들은 두런두런 이야기를 나누며 숲 속으로 들어갔어.
"흥수야, 흥수야!"
뒤에서 나를 부르는 소리가 들렸어. 새싹의 목소리야.
"얘야, 숲은 위험해. 어서 돌아와!"
작은 손 아주머니의 목소리도 들렸어.

나는 냅다 뛰었어.
큰마음 먹고 나왔는데 여기서 멈출 수는 없지.
어차피 나도 언젠가는 사냥꾼이 될 거니까. 나는 계속 뛰었어.
"홍수야! 홍수야!"
새싹은 참 끈질겨. 아직도 나를 찾아다니고 있네?

나는 사냥꾼들의 뒤를 쫓았어. 들키지 않게 풀이 무성한 데로 다녔지.
사냥꾼들은 사방으로 흩어졌어. 짐승들이 다니는 길을 찾는 모양이야.
쿵쿵 아저씨가 손을 번쩍 들자, 모두 그쪽으로 몰려갔어.
"덫을 만들자."
멧돼지 냄새를 맡은 걸까? 아니면 쌍코뿔이 냄새?
큰 짐승을 잡을 땐 구덩이를 파서 덫을 놓거든.
모두들 땅을 파기 시작했어.
그리고 주변을 돌아다니며 나뭇가지를 꺾었지.

나뭇가지를 덮어 구덩이를 숨길 건가 봐.
멧돼지가 함정인 줄 모르고 뛰어가다가 풍덩 빠지게 말이야.

'멧돼지든 쌍코뿔이든 눈에 띄기만 해 봐.'

나는 덫에서 좀 떨어진 곳에 몸을 숨겼어.

그때, 풀들이 바르르 떨렸어.

엄청나게 큰 짐승이 가까이에 있나 봐.

나는 할아버지가 그랬던 것처럼 땅바닥에 귀를 댔어.

"쿵쿵쿵쿵!"

허리춤에서 사냥돌을 꺼내고 다시 바닥에 엎드렸어.

소리가 점점 커졌어. 나는 꼼짝도 않고 기다렸지.

"홍수야! 홍수야!"

새싹이 산비탈을 올라오고 있었어. 계속 나를 찾아다녔나 봐.

나는 살짝 미안했어. 하지만 대답을 할 수는 없었지.

오히려 새싹의 눈에 띌까 봐 더 납작하게 엎드렸어.

"새싹아, 위험해! 오지 마."

밝은 눈 아저씨 목소리가 들렸어.

아저씨가 나무 위에서 후다닥 뛰어내렸어.

내가 몸을 일으켰을 땐 밝은 눈 아저씨도, 새싹도 보이지 않았어.

그때 쌍코뿔이 한 마리가 나타났어. 나는 사냥돌을 힘껏 던졌어.
사냥돌은 쌍코뿔이의 이마에 정확히 맞았지.
쌍코뿔이는 소리를 지르며 펄떡펄떡 뛰더니 나를 향해 달려왔어.
나는 정신을 바짝 차리고 사냥꾼들이 파 놓은 덫 쪽으로 달렸어.
그런데 그만 발을 헛디뎌서 산 밑으로 굴렀어.

정신이 가물가물했어.
멀리서 사냥꾼들의 목소리가 어렴풋이 들려왔어.

"쌍코뿔이를 잡았다."

"덫에 걸렸어."

사냥꾼들이 신나서 떠들었어. 나는 많이 다쳤어.

바위에 부딪히고 나뭇가지에 걸려 온몸에 상처가 났어.

그런데 사냥꾼들은 내 신음이 들리지 않나 봐.

"크헝 크헝!"

산에는 온통 쌍코뿔이의 괴성만 울려 퍼졌어.

잠시 후 쌍코뿔이의 소리도 잠잠해졌지.

이윽고 사냥꾼들이 힘쓰는 소리가 들렸어.

"영차! 영차!"

내 몸에서는 점점 힘이 빠져나갔어. 눈꺼풀이 자꾸 아래로 처졌어.
그때 어디선가 낯익은 발소리가 들려왔어. 쌍코뿔이야.
녀석은 박물관에서도 그러더니 이번에도 자기 등에 타라고 했어.
'싫어. 난 여기가 좋아. 마음대로 뛰어다닐 수도 있고,
또…… 새싹도 있잖아.'
나는 고개를 절레절레 흔들었어.
내가 미적거리니까 녀석이 커다란 등을
마구 들이밀었어.

새싹에게 작별 인사도 없이 떠날 수는 없어.
지금쯤 마을에서는 잔치를 벌이고 있을 텐데.
겨울맞이 사냥을 무사히 마치고, 쌍코뿔이도 잡았으니까.
잔치 생각을 하니 콧노래가 절로 나왔어.
그러나 쌍코뿔이는 아이들이 박물관에서 기다린다며 재촉했지.
치, 언제부터 아이들을 그렇게 챙겼다고.

내가 하도 사정을 하니까 마지못해 마을에 들르기로 했어.
마을이 보여! 그런데 마을이 왜 이렇게 썰렁하지?
동굴 밖에서 웅성거리는 소리가 들려왔어.
부리부리 아저씨가 몸이 축 늘어진
한 아이를 안고 있었지.
쌍코뿔이가 조심스럽게 말했어.

"놀라지 마. 저 아이는 너야!"

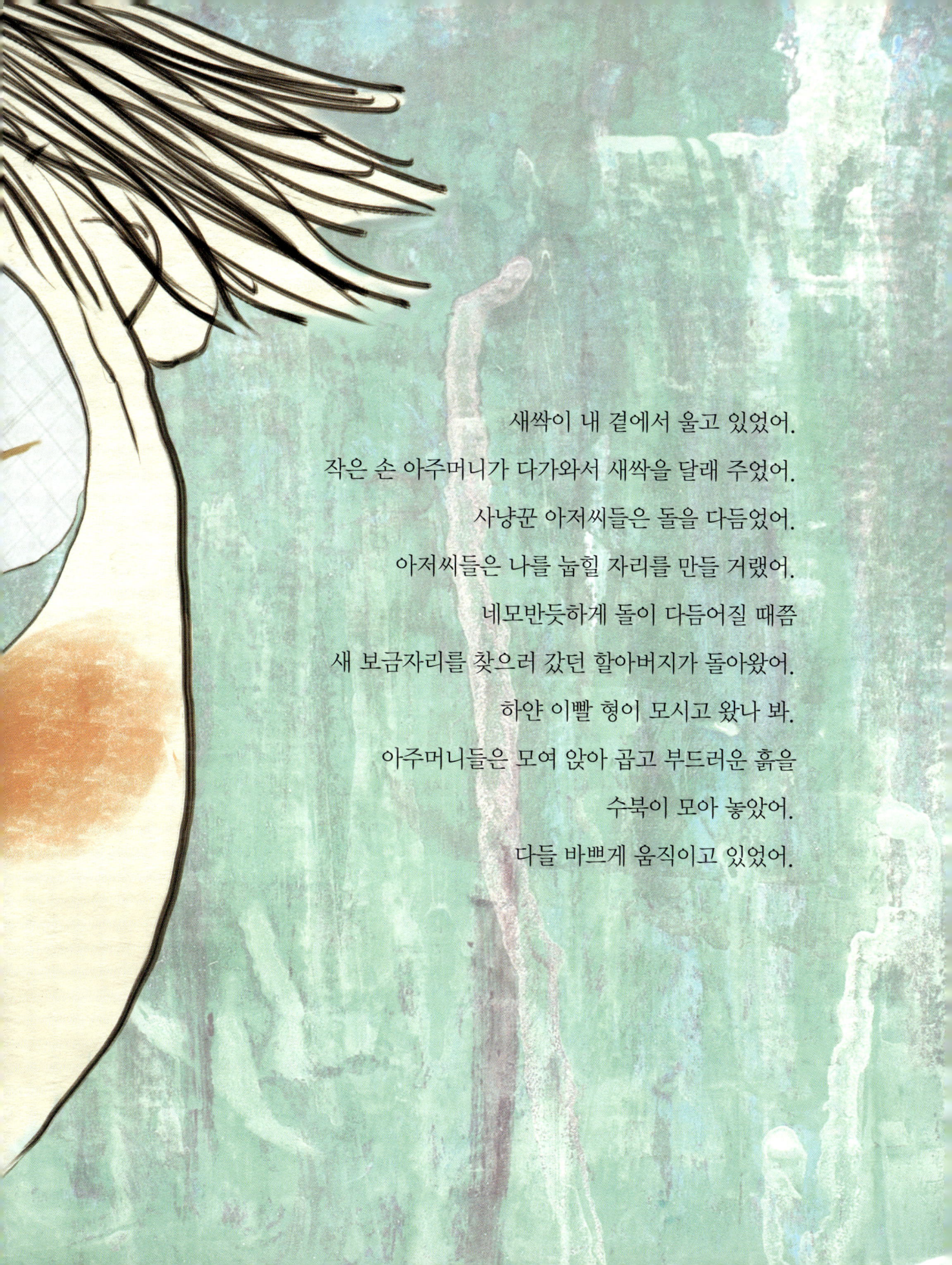

새싹이 내 곁에서 울고 있었어.
작은 손 아주머니가 다가와서 새싹을 달래 주었어.
사냥꾼 아저씨들은 돌을 다듬었어.
아저씨들은 나를 눕힐 자리를 만들 거랬어.
네모반듯하게 돌이 다듬어질 때쯤
새 보금자리를 찾으러 갔던 할아버지가 돌아왔어.
하얀 이빨 형이 모시고 왔나 봐.
아주머니들은 모여 앉아 곱고 부드러운 흙을
수북이 모아 놓았어.
다들 바쁘게 움직이고 있었어.

쌍코뿔이가 빨리 가자고 보챘어.

자기 장례식을 보는 게 뭐가 좋냐고. 슬프기만 하다나.

하지만 나는 아직 새싹에게 작별 인사도 못했는걸.

새싹이 그려 준 그림이라도 가져가고 싶었어.

아마 석기 제작소에 있을 거야.

할아버지에게 목걸이로 만들어 달라고 부탁했거든.

내가 여기저기 뒤적거리고 있을 때,

사냥꾼 아저씨들이 나를 반석 위로 옮겼어.

아주머니들은 내 몸에 고운 흙을 뿌려 주고,
할아버지는 내 손에 뭔가를 쥐어 주었어.
'앗! 새싹이 그려 준 그림이잖아?'
나는 반가운 마음에 누워 있는 나에게 가려고 했어.
그런데 그때 새싹이 다가왔어.
새싹은 국화 꽃잎을 한 잎씩 떼어 내 몸 위에 올렸어.
마른 꽃이지만 아직도 향기가 나는 듯했어.
이제 작별 인사를 해야지.

고마워, 새싹. 그리고 안녕.

더 이상 기다릴 수 없었는지
쌍코뿔이가 나를 번쩍 들어 올렸어.
"잠깐만! 잠깐이면 돼."
나는 쌍코뿔이에게 부탁했어.
하지만 이번에는 세차게 고개를 젓더라고.

나는 하는 수 없이 쌍코뿔이의 등에 올라탔어.
쌍코뿔이는 또다시 달렸어. 난 어느새 스르르 잠이 들었지.

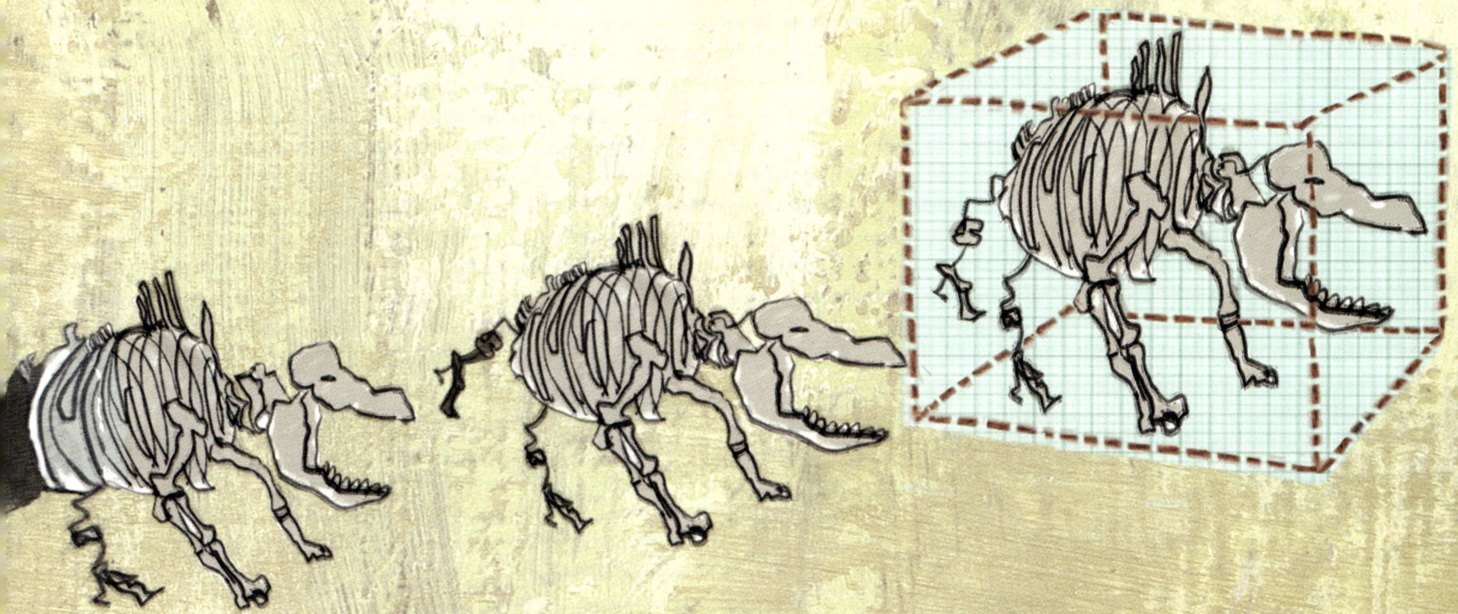

얼마 후, 아이들이 떠드는 소리에 정신이 돌아왔어.

아이들이 쌍코뿔이 쪽으로 모여들었어.

"쌍코뿔이가 입을 벌리고 있어요. 진짜 사나워 보여요."

이번에는 아이들이 나에게로 왔어. 벌써 박물관을 다 돌아보았나 봐.

"선생님, 흥수가 슴베찌르개를 들고 있으면 멋있을 것 같아요."

한 아이가 말했어. 그 말을 들으니 기분이 좋아졌어.

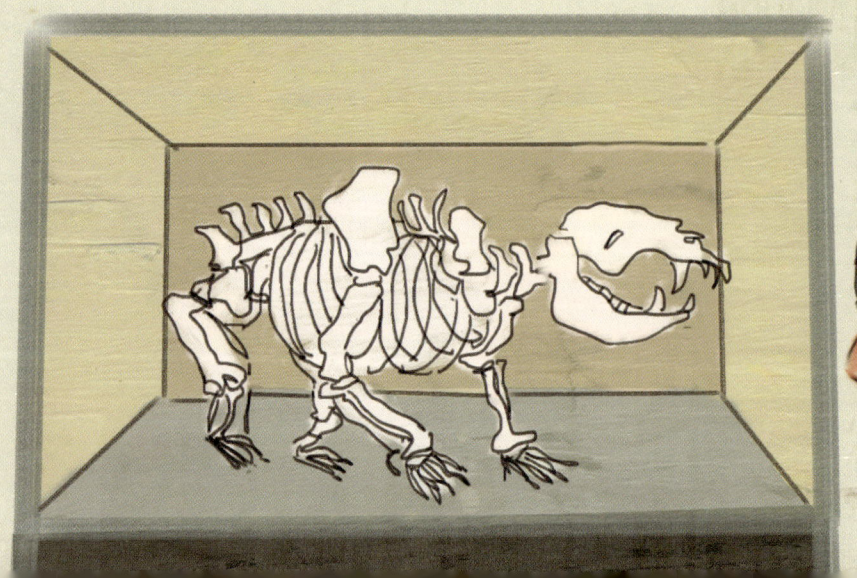

"흥수가 어른이 되었다면 아마 용감한 사냥꾼이 되었을 거야."
그래! 나는 슴베찌르개를 든 멋진 사냥꾼이 되었을 거야.
숲 속을 바람처럼 누비고 다니는 구석기 시대의 사냥꾼 말이야!

흥수아이가 들려주는
구석기 시대 이야기

우리나라 구석기 시대는 약 70만 년 전부터 1만 년 전까지야.

나는 약 4만 년 전에 살았고.

까마득히 먼 옛날, 내가 살았던 구석기 시대로 함께 가 볼래?

구석기가 무슨 뜻이냐고?

인간이 처음 지구에 등장한 것은 약 300만 년 전이야. 너무 오래전이라 짐작하기도 어렵지? 맨 처음 등장한 인간은 '오스트랄로피테쿠스'라고 불렸는데 그때만 해도 인간보다는 원숭이와 더 비슷했어. 시간이 흘러 약 200만 년 전 '호모 하빌리스'가 나타났는데, 이때부터 구석기 시대가 시작돼. 우리나라에서는 70만 년 전부터 시작된 것으로 보고 있지.

그런데 구석기가 무슨 뜻이냐고? '석(石)'은 우리말로 '돌'이라는 뜻이고 '기(器)'는 '그릇'을 뜻해. 그래서 돌로 그릇 같은 도구를 만들어 쓴 시

석기를 만들고 있는 선사 시대 사람들의 모습.

대를 '석기 시대'라고 하지. 석기 시대는 다시 구석기 시대와 신석기 시대로 나뉘어. 구석기 시대가 더 먼저 등장한 시대이고, 신석기 시대는 그보다 나중에 등장한 시대야. 구석기 시대의 특징은 돌을 떼어서 도구를 만든 거란다. 신석기 시대는 돌을 갈아서 조금 더 정교하게 도구를 만든 시대이고.

인간이 지구에 등장했을 때부터 지금까지의 역사를 보면 99.8퍼센트가 구석기 시대라고 해. 얼마나 긴 시간인지 가늠이 되지?

구석기 시대 사람들은 어떻게 살았을까?

나, 홍수아이를 비롯한 구석기 시대 사람들도 오늘날의 너희처럼 두 발로 걸었어. 물론 구석기 시대 사람들이 처음부터 그랬던 건 아니야. 좀 구부정하게 걷다가 170만 년 전부터 똑바로 서서 걷기 시작했지. 이렇게 서서 걷기 시작한 사람들을 '호모 에렉투스'라고 해. '선 사람'이라는 뜻이지.

두 발로 걷는 건 아주 큰 장점이었어. 아무래도 곧게 서면 더 멀리 볼 수 있고, 두 손을 더 자유롭게 사용할 수 있으니까. 손을 사용하면서 인간의 두뇌는 아주 빠르게 발달하기 시작했단다. 그리고 불을 다룰 줄 알게 되었어. 처음에는 산불처럼 자연적으로 발생한 불을 접했지. 모든 것을 재로 만들어 버리는 불을 두렵게만 여기던 사람들은 점차 불이 주는 이득에 대해 알게 되었어. 우연히 불에 탄 짐승 고기를 맛보고는 훨씬

구석기 시대 사람들이 불을 사용하는 모습.

맛있고 소화가 잘된다는 사실을 알았고, 불을 무서워하는 동물들을 보면서 불을 사용하면 사나운 짐승으로부터 자신을 보호할 수 있을 거라고 생각했어. 추위를 피하고 따뜻하게 지낼 수 있다는 사실도 알게 되었지. 이처럼 불이 쓸모 있다는 걸 깨닫고는 스스로 불을 피우는 방법까지 터득하게 된 거야.

구석기 시대의 사람들은 무리지어 살았는데 아직 집을 짓지는 못했어. 그래서 바위 그늘이나 동굴에 주로 모여 살았지. 구석기 유적 동굴에서

구석기 시대 사람이 슴베찌르개로 사냥하는 모습.

는 불을 피운 흔적(화덕 자리)과 조리용 그릇 등이 발굴되었어. 이를 통해 구석기 시대 사람들이 불을 이용해서 음식을 조리해 먹었다는 사실을 알 수 있었지. 먹을 것은 주로 사는 곳 주변에서 구했는데, 사슴이나 노루 등을 사냥하고 나무 열매나 풀, 뿌리 등을 모으거나 물고기를 잡아먹었어. 그러다 먹을거리가 떨어지면 다른 곳으로 이동했단다.

지금처럼 복잡한 예식을 치르지는 않았지만 나름대로 의식을 치르고 예술 활동을 하기도 했어. 가장 대표적인 것이 장례 의식이야. 청원 두루

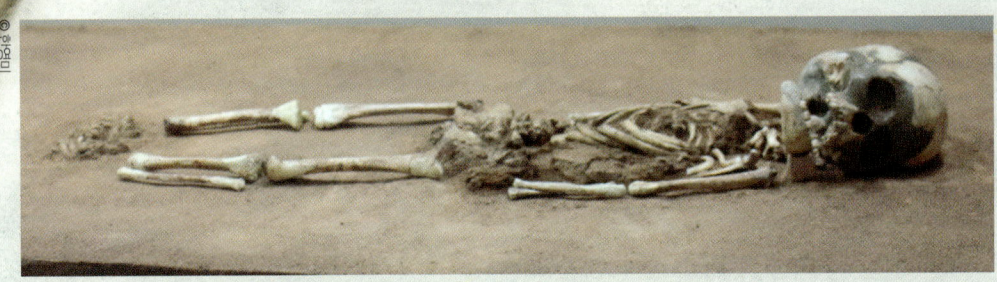

충북대학교 박물관에서 볼 수 있는 흥수아이 유골.

봉 동굴에서 발견된 나를 보아도 알 수 있지. 돌을 반듯하게 깎아 그 위에 시신을 누이고 국화꽃과 고운 흙을 뿌렸어. 동굴에서 사람 얼굴 모양을 새긴 돌과 들소 모양으로 깎은 돌이 발견되었는데, 그건 우리 구석기 시대 사람들이 만든 멋진 예술품이야. 아이를 많이 낳게 해 달라거나 사냥이 잘되게 해 달라는 마음을 담아 만든 거란다.

우리나라에도 구석기 시대 유적지가 있냐고?

물론이야! 내가 발견된 충청북도 청주의 청원 두루봉 동굴을 포함하여 평양시 상원의 검은모루 동굴, 함경북도 웅기군 굴포리, 평안남도 덕천 승리산 동굴, 평양시 만달리, 평양시 역포 대현동, 경기도 연천 전곡리, 충청북도 단양의 금굴, 충청남도 공주의 석장리 등 많은 지역에서 각종

유물과 뼈 화석, 동굴 벽화 등이 발굴되었지.

　우리나라 땅은 산성을 띠고 있어서 뼈가 쉽게 삭는다고 해. 그래서 뼈 화석이 보존되는 경우가 드물지. 그렇지만 알칼리성을 띤 석회암 지대에서는 사람의 뼈 화석 일부가 발견되기도 했어. 그중 대표적인 것이 평안남도 덕천에서 발견된 덕천사람, 평양시 역포에서 발견된 역포사람, 승리산 동굴에서 발견된 승리산사람, 평양시 만달리에서 발견된 만달사람, 청원 두루봉 동굴에서 발견된 나, 흥수아이야.

승리산 동굴에서 발견된 구석기 시대 승리산사람의 얼굴뼈 화석(오른쪽)과 그것을 복원한 동상(왼쪽)이에요. 북한의 평양 박물관에 있어요.

내가 발견된 두루봉 동굴에 대해 더 소개해 줄게!

　두루봉 동굴은 구석기 시대의 동굴 유적으로 2굴, 9굴, 15굴, 새굴, 처녀굴, 흥수굴 등 여러 굴로 이루어져 있어. 2굴에서는 많은 동물 화석이 나왔는데 코뿔소와 비슷하게 생긴 쌍코뿔이를 비롯하여 동굴하이에나, 동굴곰, 첫소, 큰원숭이 등 지금은 멸종된 동물 화석이 많이 나왔지.

　157개 정도의 꽃가루도 발견되었는데 당시 동굴을 조사하고 연구했던 충북대학교 이융조 교수는 구석기 시대 사람들이 주거지인 동굴을 꾸미기 위해 채집한 것으로 보았어. 구석기 시대 사람들도 아름다움에 관심이 있었다는 증거로 풀이했지. 15굴은 일종의 살림터였어. 화덕 자리와 긁개, 찌르개 등의 조리 도구들이 발굴되었거든. 새굴에서는 옛 코끼리의 상아를 비롯하여 20종의 동물 화석이 나왔어. 사슴뿔을 갈아 만든 치레걸이(목걸이)도 발견되었지. 처녀굴에서는 제사와 관련된 것들이 나왔어. 쌍코뿔이와 동굴곰의 뼈대가 사슴뿔을 가운데 두고 동쪽을 향해 가지런히 놓인 모습을 보면 제사를 위해 의도적으로 뼈를 놓아 두었다는 사실을 알 수 있겠지? 내가 발견된 흥수굴에서는 사람과 동물 뼈, 여러 가지 석기 등이 나왔단다.

　그러나 내 고향 두루봉 동굴은 구석기 시대의 생활 문화를 알 수 있는 훌륭한 유적지임에도 불구하고 광산으로 개발되어 사라져 버리고 말았

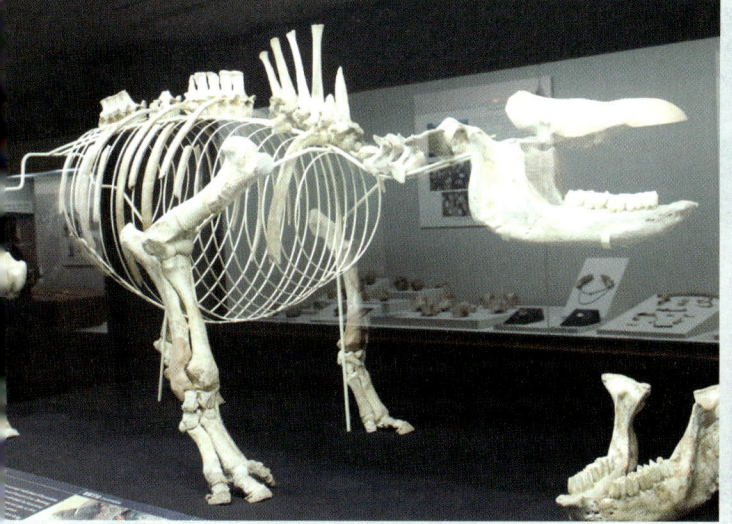 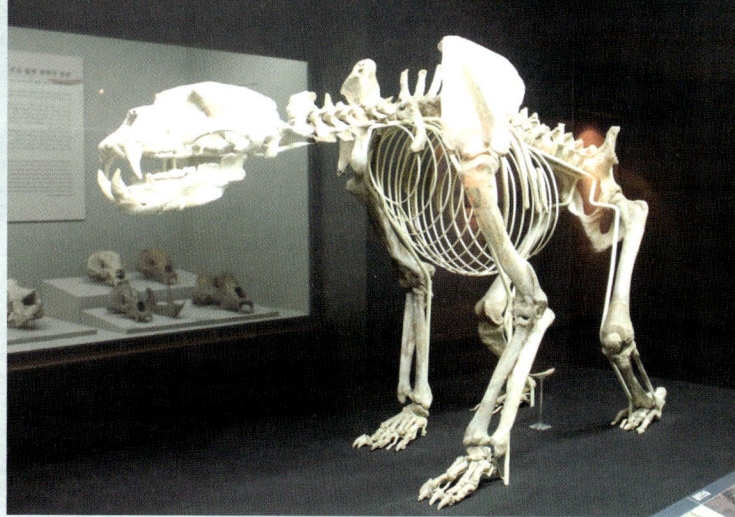

두루봉 동굴에서 발견된 쌍코뿔이(왼쪽)와 동굴곰(오른쪽)의 뼈 화석이에요.

어. 석회암을 채굴하기 위해 동굴을 파괴했지. 지금은 사람이 드나들 수 없는 위험한 폐광산이 되고 말았어. 수만 년의 역사를 간직한 소중한 유적이 심하게 훼손되어 흔적조차 확인하기 어렵게 되었다는 건 정말 슬픈 일이 아닐 수 없어.

구석기 시대 사람들이 사용한 도구를 살펴보자!

초기 구석기 시대에는 찍개나 주먹 도끼 같은 석기 하나로 사냥도 하고 땅도 파는 등 여러 용도로 사용했어. 그러다가 차츰 각각의 용도에 맞는 도구를 만들어 쓰기 시작했지. 이 책에 나온 도구들을 소개할게!

주먹 도끼

끝은 뾰족하고 손에 쥐는 부분은 뭉툭하여 쥐기 편하게 만든 석기야. 찢고, 자르고, 찍고, 땅을 파는 등 다양한 용도로 쓸 수 있는데, 주로 짐승을 사냥하거나 털과 가죽을 분리할 때 사용했어. 요즘 사용하는 '맥가이버 칼(다용도 칼)'쯤 된다고 할까. 거의 100만 년 넘게 꾸준히 썼던 구석기 시대의 필수 도구였어.

긁개

구석기 시대 내내 썼던 도구야. 자갈에서 떼어 낸 돌조각에 잔 손질을 해서 날을 세웠어. 주로 가죽에 붙은 살을 긁어내거나 나무껍질을 얇게 벗기는 등 조리 도구로 쓰였어.

찍개

전기 구석기(약 12만 5천 년 전)시대에 주로 썼던 도구야. 사냥을 하거나 나무·짐승의 고기를 자를 때, 단단한 뼈를 부수는 데에 주로 썼어.

사냥돌

중기 구석기(약 4만 년 전) 시대에 널리 썼으며, 던져서 짐승을 사냥하거나 뼈, 고기 또는 나무 같은 것을 짓이기는 데 사용했어.

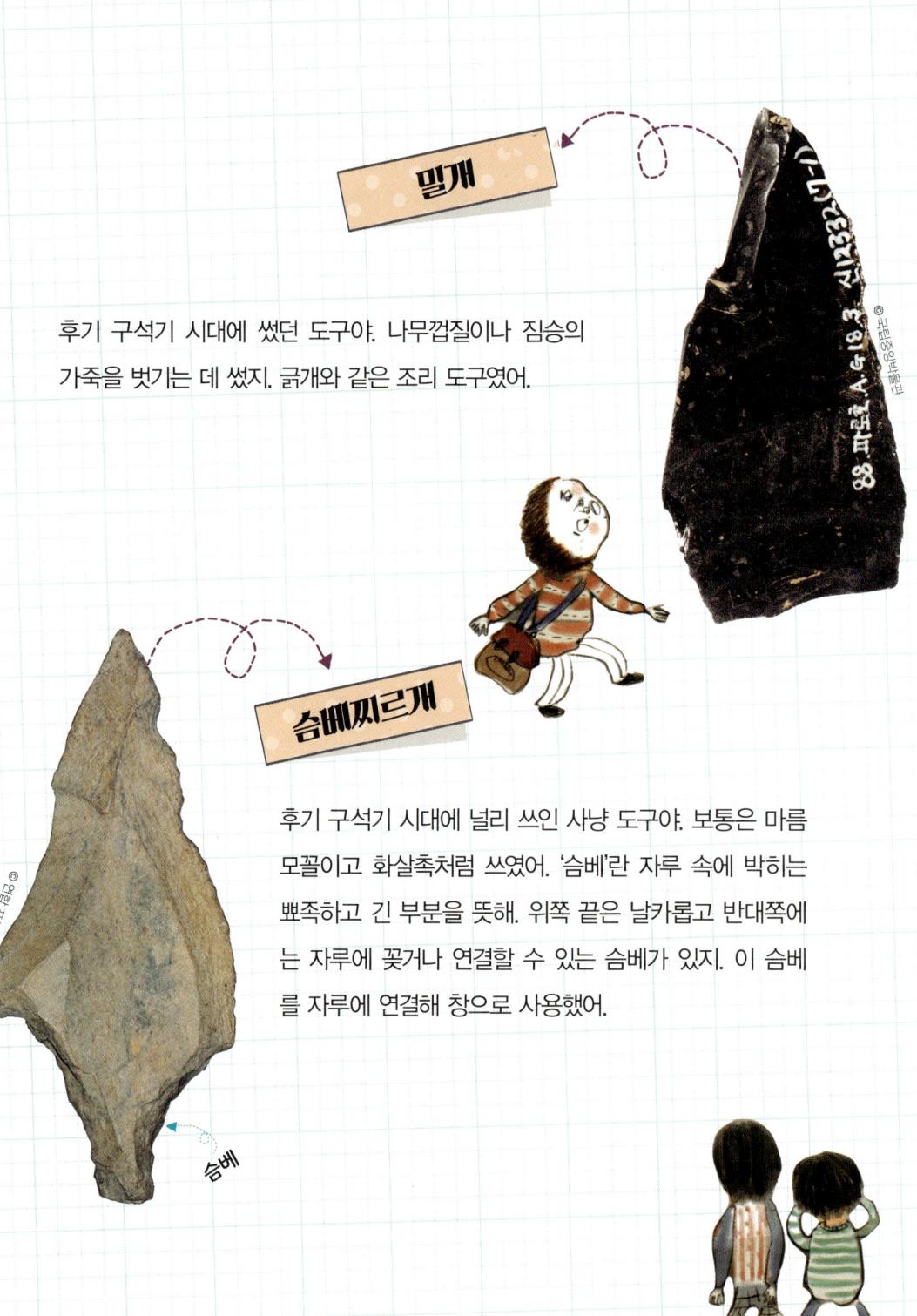

밀개

후기 구석기 시대에 썼던 도구야. 나무껍질이나 짐승의 가죽을 벗기는 데 썼지. 긁개와 같은 조리 도구였어.

슴베찌르개

후기 구석기 시대에 널리 쓰인 사냥 도구야. 보통은 마름 모꼴이고 화살촉처럼 쓰였어. '슴베'란 자루 속에 박히는 뾰족하고 긴 부분을 뜻해. 위쪽 끝은 날카롭고 반대쪽에는 자루에 꽂거나 연결할 수 있는 슴베가 있지. 이 슴베를 자루에 연결해 창으로 사용했어.

슴베

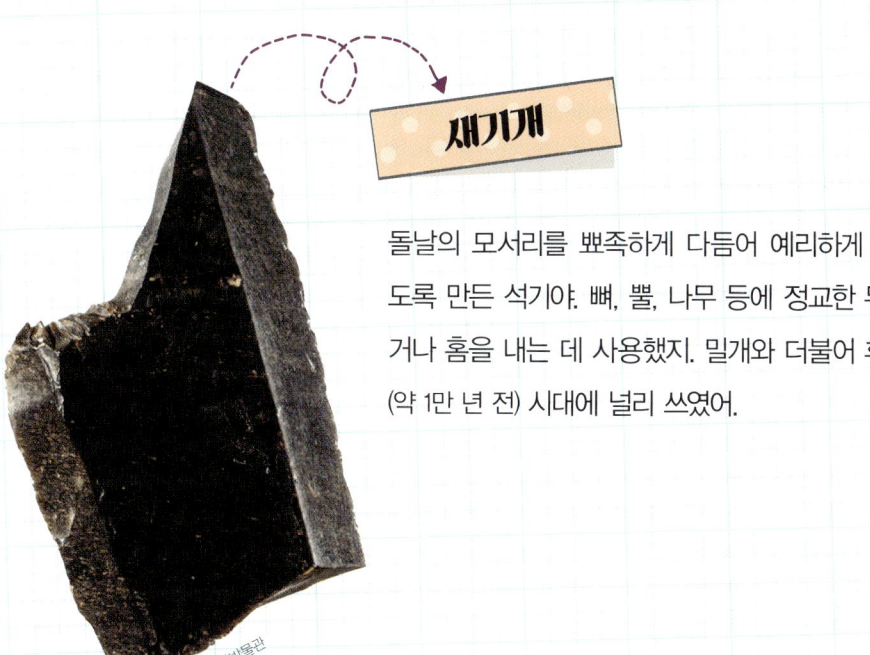

새기개

돌날의 모서리를 뾰족하게 다듬어 예리하게 새길 수 있도록 만든 석기야. 뼈, 뿔, 나무 등에 정교한 무늬를 새기거나 홈을 내는 데 사용했지. 밀개와 더불어 후기 구석기(약 1만 년 전) 시대에 널리 쓰였어.

작가의 말

4만 년 전, 이 땅에 살았던 우리의 친구!

'어린 사냥꾼!'

홍수아이를 보았을 때 나는 첫눈에 알아보았어요. 이 아이가 컸다면 아주 용감한 사냥꾼이 되었을 거라는 걸. 조그만 주먹을 꽉 쥐고 먼 곳을 바라보며 서 있는 모습이 여간 다부져 보이지 않았어요. 잘 다듬어진 슴베찌르개를 쥐고 있었다면 딱 어울릴 그런 모습이었지요.

늠름한 홍수아이는 충북대학교 박물관에서 볼 수 있어요. 충북 청원군 두루봉 동굴에서 발견된 사람 뼈 화석을 토대로 복원한 구석기 시대의 어린이이자 한반도의 첫 사람이지요. 나는 홍수아이가 있는 전시관에서 구석기 시대의 도구들도 함께 보았어요. 찍개, 새기개, 주먹 도끼, 슴베찌르개 등등.

그곳에 전시된 여러 가지 다양한 석기들을 보면서 구석기 시대 사람들의 모습을 상상해 보았어요. 그리고 다시 한 번 느꼈지요. 우리가 지금 쓰고 있는 이 편리하고 복잡한 도구들이 모두 구석기 시대에서 시작되었다는 사실을요. 그들이야말로 발명의 대가가 아니었을까요? 소소하고 별것 아닌 재료로 가지고 쓸모 있는 도구들을 척척 만들어 냈으니까요. 생각해 보면 위대한 개척자이기도 해요. 날카로운 이빨도, 발톱도 없이 맹수와 거친 자연에 맞서 삶의 터전을 일구었잖아요.

　인류가 홍수아이 같은 구석기 시대 사람들에게서 비롯되었다는 생각을 하면 왠지 가슴이 뭉클해져요. 그들과 우리 사이에 뭔가 끈끈한 것이 이어져 있는 것 같아요. 수만 년의 세월을 이어 오는 것, 바로 그것이 역사 아닐까요?

　지금 여러분이 발 딛고 서 있는 이 한반도 땅, 아주 먼 옛날에 터를 잡고 살았던 구석기 시대 사람들. 그들도 우리와 비슷한 삶을 살았다는걸 알고 놀랐어요. 공동체를 이루고, 도구를 사용하고, 사람이 죽으면 장례식을 치르고 말이지요. 이 책을 통해 우리의 근원과 시작에 대해 함께 생각해 보았으면 좋겠어요.

한영미

"맞아, 나는 슴베찌르개를 든
멋진 사냥꾼이 되었을 거야.
숲 속을 바람처럼 누비고 다니는
구석기 시대 사냥꾼 말이야!"